InfiniteVerse

MERATAPI NASIB

Puisi Renungan bagi jiwa yang lelah namun masih bertahan

Abraham Reymond

PUISI RENUNGAN: MERATAPI NASIB

First edition. December 27, 2025.

ISBN: 979-8233792182

Written by Abraham Reymond.

Also by Abraham Reymond

7 Deadly Sins in Poetry
My Thief of Joy
Romanticized Sin

Darkness of Entertainment Industry
When Art Stands Above Life
Genius Lost in Silence
Art As Slavery

Heartbreak
Unreachable, Unavailable
Kekasih orang
Just A Dead Star
Will You Love a Depressed Person?
Puisi Novel Kekasih Orang

History of mankind
Verses of Three Kingdoms

Household Poetry

Kitchen Psalms

Daily Baptism

Lamentation

Not Dead, Not Living

Meratapi Nasib

How the Star Has Fallen

Death Is a Blessing

Lament of Sacred Spaces

Not Everyone Is Chosen

Puisi Renungan: Meratapi Nasib

Praise & Worship Collection

The Epitome of Beauty

God of My Youth

Psalms For Children

Tuhan yang indah

Worship in Heartbreak

Registered in Heaven

Romance in the air

One Love Until the End

Senyuman yang kusuka

Girl of My Dreams

Sanctuary of the Parents

Romantic Novel in Verse
One Love Until the End: A Novel in Verse

The wonders of nature
God's Breath of Life
The Rooted Ones

Verses of animals and beasts
Ancient Echoes: Creatures of Old
Mythbeasts: Songs of the Imagined
Mythbeasts: Songs Of The Imagined, Illustrated Edition
Songs Beneath the Water

Wisdom Psalms
Wake up, sleeper
Berbahagialah
The Wisdom Chronicles
Building Churches in Our Youth
Money As My Servant
Their First Church is You
Leadership Born From Depression

Worship Poetry Devotional
The Epitome of Beauty: A Poetry Devotional

God of My Youth: A Poetry Devotional

Standalone

Things We Overlook: A Mall Poetry Collection

Bites & Rhymes

Foundation of Logic And Reality

Girl of My Dreams

Girl of My Dreams: Illustrated Edition

Love in Style

Will You Love a Depressed Person?: Novel in Verse

Wake Up, Sleeper: A Poetry Devotional

Things We Overlook — Illustrated Edition

The Days When Magic Broke

Unreachable, Unavailable – A Novel in Verse

Atlas of the Endless Realms

Watch for more at patreon.com/Reymondpoems.

Daftar Isi

Meratapi nasib

FASE I — KEJUJURAN GELAP

Fase ini tidak dimulai dengan harapan.
Ia dimulai dengan kejujuran.
Di sini, tidak ada usaha terlihat kuat.
Tidak ada kalimat yang dirapikan agar terdengar rohani.
Yang ada hanyalah pengakuan sederhana: *aku lelah, dan aku tidak baik-baik saja.*
Banyak orang kehilangan iman bukan karena mereka berhenti percaya,
melainkan karena mereka merasa tidak boleh jujur tentang gelapnya hati.
Padahal Alkitab penuh dengan ratapan—
teriakan manusia yang tetap diarahkan kepada Tuhan.
Puisi-puisi dalam fase ini tidak mencari kematian.
Ia mencari akhir dari rasa sakit.
Ia bukan penolakan hidup,
melainkan jeritan orang yang terlalu lama bertahan sendirian.
Jika kamu merasa kata-kata di sini terlalu dekat dengan hatimu,
itu bukan tanda kelemahan.
Itu tanda bahwa kamu masih hidup dan masih merasakan.
Fase ini tidak akan memperbaiki segalanya.
Ia hanya melakukan satu hal penting:
memberi izin untuk mengatakan yang sebenarnya di hadapan Tuhan.
Dan untuk hari ini,
kejujuran itu sudah cukup.

Ayat Alkitab
Mazmur 34:19
"TUHAN itu dekat kepada orang-orang yang patah hati, dan Ia menyelamatkan orang-orang yang remuk jiwanya."
Puisi
Aku tidak baik-baik saja
Lelah hidup terus
Sendiri tanpa teman
Hidup dalam bayangan
Tak pernah berhasil bersinar
Aku tidak baik-baik saja
Takut gagal lagi
Belum mencapai target
Penjualan bukuku menyedihkan
Mengapa tak sesuai harapan?
Tak ada teman yang membantu
Keluarga juga tidak mendukung
Bukuku tidak menarik mereka
Kerja keras setiap hari
Tak sesuai dengan ekspektasi
Hasil yang mengecewakan
Padahal aku sudah banting tulang
Aku tidak baik-baik saja
Bagaimana kalau semuanya sia-sia?
Di sini aku meratapi nasib
Merenungkan semua kemungkinan
Semoga Tuhan sinari jalanku
Tolong aku untuk berhasil
Berikanlah aku kesuksesan
Agar aku dapat memuliakan nama-Mu
Jangan abaikan doaku
Lihatlah hati tulusku

Tenangkanlah hatiku selalu
Biar kasih-Mu hapus air mataku

Renungan

Mengatakan "aku tidak baik-baik saja" bukan tanda iman yang runtuh. Itu adalah bentuk iman yang jujur. Pemazmur pun tidak datang kepada Tuhan dengan laporan keberhasilan, melainkan dengan hati yang remuk. Ayat hari ini tidak menjanjikan jawaban cepat, tetapi kehadiran: Tuhan *dekat* dengan yang patah hati.

Puisi ini memotret kelelahan yang nyata—bekerja keras tanpa hasil yang sepadan, berharap tanpa dukungan, dan bertanya apakah semua usaha sia-sia. Pertanyaan-pertanyaan itu tidak perlu disensor di hadapan Tuhan. Justru di sanalah doa dimulai: bukan dari kekuatan, melainkan dari pengakuan.

Iman tidak selalu bersuara lantang. Kadang ia berbisik pelan, meminta ditenangkan lebih dulu sebelum diminta melangkah. Tuhan tidak menuntut kita bersinar saat ini. Ia mendekat, duduk bersama kita di bayangan, dan menjaga agar kita tetap bernapas. Untuk hari ini, bertahan dan berkata jujur sudah merupakan langkah iman.

Doa

Tuhan, hari ini aku lelah dan belum melihat hasil dari jerih payahku. Aku datang apa adanya, membawa takut dan harap yang bercampur. Tolong dekatlah denganku, tenangkan hatiku, dan pegang langkahku satu hari ini. Jika aku belum kuat berharap jauh, cukupkan aku dengan kehadiran-Mu. Amin.

Ayat Alkitab
Mazmur 13:3
"Pandanglah kiranya, jawablah aku, ya TUHAN, Allahku! Buatlah mataku bercahaya, supaya aku jangan tertidur dalam maut."
Puisi
Ingin mati saja
Bosan kujalani hari-hariku
Hidup dengan cinta yang tak terbalas
Lelah ku mencintai dirimu yang menolakku
Ingin mati saja diri ini
Segala sesuatu itu menjemukan
Tak terkatakan frustasiku
Mata tidak kenyang melihat
Telinga tidak puas mendengar
Jenuh kuhidup di bumi ini
Mengapa cintaku padamu begitu membara?
Capek aku sayang kamu yang memilih dia
Ingin ku tidur selamanya
Segala sesuatu itu membosankan
Tak terdengar depresiku
Harapan selalu mengecewakan
Cintaku padamu menyakitiku
Ingin mati saja aku ini
Bertahun-tahun kuingin mati tapi belum mati juga
Kapan ajal akan menjemputku?
Kenapa Tuhan masih izinkanku hidup tanpamu?
Ingin ku pulang ke rumah Bapaku di sorga
Kirimlah aku ke sorga sekarang Tuhan
Kenapa kau izinkanku mencintainya tanpa memilikinya?
Tutuplah saja mataku selama-lamanya
Renungan

Puisi ini berbicara dengan bahasa yang sangat jujur—terlalu jujur bagi sebagian orang. Ia tidak sedang mengagungkan kematian, melainkan mengungkapkan kelelahan yang sudah kehabisan kata. Pemazmur pun pernah berdoa agar matanya jangan "tertidur dalam maut," sebuah seruan yang lahir dari keputusasaan, bukan dari keberanian. Tuhan tidak menutup telinga-Nya terhadap doa seperti itu.

Keinginan untuk "tidur selamanya" sering kali muncul ketika cinta melukai, harapan runtuh, dan hari-hari terasa menjemukan. Dalam keadaan seperti ini, iman tidak selalu mampu berdiri tegak. Iman justru merangkak, membawa pertanyaan-pertanyaan yang belum terjawab. Dan Tuhan tetap hadir di sana—bukan untuk menghakimi, melainkan untuk menjaga agar kita tetap hidup.

Jika hari ini hidup terasa terlalu berat, ingatlah bahwa bertahan satu hari lagi sudah merupakan tindakan iman. Tuhan belum selesai bekerja, meski kita belum melihat hasilnya. Kedekatan-Nya sering terasa paling nyata justru ketika kita tidak sanggup berdiri.

Doa

Tuhan, aku datang dengan hati yang lelah dan pikiran yang kusut. Aku tidak kuat menjelaskan semuanya, tapi Engkau tahu apa yang kurasakan. Tolong jagalah aku hari ini. Duduklah bersamaku dalam keheningan ini, dan cukupkan aku dengan kehadiran-Mu. Amin.

Ayat Alkitab
Pengkhotbah 1:9
"Apa yang telah ada, itulah yang akan ada, dan apa yang telah dibuat, itulah yang akan dibuat; tak ada sesuatu yang baru di bawah matahari."
Puisi
Bosan hidup
Aku lelah di sini
Menjalani rutinitas yang sama
Aku bosan hidup
Semuanya itu-itu saja
Terjebak di kota yang sama
Ingin ku pergi ke kota lain
Bosan ku hidup di sini
Dunia yang luas tapi aku terjebak
Aku jenuh di sini
Menjalani aktivitas yang sama
Aku lelah hidup
Semuanya repetitif
Tinggal di negeri yang sama
Ingin ku jelajahi negeri lain
Bosan ku berdiri di sini
Bumi yang besar tapi aku di sini terus
Aku bosan hidup
Tapi akan kujalani semua
Mungkin semuanya akan berbeda
Semuanya akan jadi seru jika aku bertahan
Renungan
Rasa bosan yang digambarkan dalam puisi ini bukanlah kemalasan, melainkan kelelahan yang lahir dari pengulangan tanpa makna. Pengkhotbah pun pernah melihat dunia dengan mata yang sama: hari-hari yang berputar, usaha yang terasa stagnan, dan hidup yang seolah

tidak bergerak ke mana-mana. Alkitab tidak menertawakan perasaan itu; ia mengakuinya dengan jujur.

Ketika rutinitas terasa menjerat, kita sering berpikir bahwa perubahan tempat atau keadaan adalah satu-satunya jalan keluar. Namun puisi ini mengajarkan sesuatu yang lembut: meski bosan, ia memilih untuk tetap menjalani hari ini. Bukan karena hidup sudah menyenangkan, tetapi karena masih ada kemungkinan—sekecil apa pun—bahwa bertahan dapat membuka sesuatu yang berbeda.

Iman pada fase ini bukan tentang menemukan hal baru, melainkan tentang kesediaan hadir di hari yang sama dengan hati yang masih bernapas. Tuhan bekerja bukan hanya di momen besar, tetapi juga di pengulangan yang melelahkan. Bertahan hari ini adalah bentuk kepercayaan yang sunyi, namun nyata.

Doa

Tuhan, Engkau tahu betapa jenuhnya aku menjalani hari-hari yang terasa sama. Aku belum melihat perubahan, tapi aku masih di sini. Tolong temani aku dalam rutinitas ini. Berikan ketenangan untuk menjalani hari ini, dan cukupkan aku dengan kekuatan yang sederhana. Amin.

Ayat Alkitab
Pengkhotbah 3:11a
"Ia membuat segala sesuatu indah pada waktunya, bahkan Ia memberikan kekekalan dalam hati mereka."
Puisi
Hidupku menjemukan
Jenuh kujalani hidup ini
Setiap hari melakukan hal yang sama
Kerja, makan, minum, mandi
Setiap hari berada di tempat yang sama
Hidupku menjemukan
Mengapa ku di sini terus saat dunia ini luas?
Tidur, bangun, doa, jalan
Setiap hari melakukan hal-hal itu saja
Ingin ku terbang ke angkasa
Melihat luasnya dunia bagai rajawali
Ingin ku lakukan keajaiban
Menurunkan api dari surga
Untungnya ada Tuhan di surga
Dia janjikan hidup yang seru
Ku puji Tuhan sebab Dia keren
Tak lagi ku bosan di surga
Renungan
Kejenuhan yang digambarkan puisi ini lahir dari pengulangan yang panjang dan tak terlihat hasilnya. Hari-hari berjalan rapi, tertib, bahkan rohani, namun tetap terasa hampa. Pengkhotbah memahami perasaan ini ketika ia berkata bahwa Tuhan menaruh kekekalan dalam hati manusia—sebuah kerinduan akan sesuatu yang lebih luas dari rutinitas sehari-hari.
Keinginan untuk "terbang ke angkasa" bukanlah ketidaksyukuran, melainkan tanda bahwa hati manusia diciptakan untuk berharap melampaui apa yang sedang dijalani. Kita rindu hidup yang bermakna,

bukan sekadar hidup yang berjalan. Puisi ini tidak menyangkal kejenuhan itu, tetapi perlahan mengarah pada pengakuan sederhana: ada janji Tuhan yang melampaui kebosanan saat ini.

Iman di sini bukan penghilang jenuh secara instan. Ia adalah pengingat bahwa hidup sekarang bukan seluruh cerita. Ketika hari ini terasa menjemukan, kita diizinkan menatap ke depan tanpa harus membenci hari ini. Bertahan di rutinitas sambil memegang janji Tuhan adalah bentuk pengharapan yang tenang.

Doa

Tuhan, Engkau tahu betapa datarnya hari-hariku terasa. Aku rindu makna, aku rindu keluasan yang belum kulihat. Tolong ajari aku setia menjalani hari ini tanpa kehilangan harap. Pegang hatiku agar tetap tenang, sambil menunggu waktu-Mu. Amin.

Ayat Alkitab
Ratapan 3:22–23
"Tak berkesudahan kasih setia TUHAN, tak habis-habisnya rahmat-Nya; selalu baru tiap pagi; besar kesetiaan-Mu."
Puisi
Ga mati-mati
Detak jantungku masih terasa
Aku masih bangun di bumi tiap pagi
Ga mati-mati walau ku bosan
Mungkin memang ditakdirkan hidup
Bertahun-tahun ku ingin meninggal
Tapi tubuh ini tak mati-mati
Ajal belum mau menjemputku
Mungkin ga ditakdirkan mati muda
Mungkin ditakdirkan bahagia bersamamu
Jika tidak, kenapa aku ga mati-mati?
Mungkin aku ga mati-mati karena kamu
Kalau aku mati, kamu tak akan berduka
Aku sayang kamu sampai ingin mati rasanya
Karena kamu tak peduli dengan keberadaanku
Meskipun kau tahu ku sayang sama kamu
Tapi kau bersikap seolah aku sudah mati
Renungan
Puisi ini tidak sedang merayakan keinginan untuk mati. Ia sedang kebingungan menghadapi satu fakta yang terus berulang: jantung masih berdetak, pagi masih datang. Dalam kelelahan yang panjang, hidup terasa seperti sesuatu yang "terjadi" tanpa diminta. Ratapan Yeremia lahir dari reruntuhan yang serupa—namun di tengahnya ada pengakuan sederhana: rahmat Tuhan masih datang setiap pagi, bahkan ketika hati tidak siap menerimanya.
Di sini, "ga mati-mati" bisa terdengar getir, tetapi juga bisa dibaca sebagai tanda bahwa hidup masih dipelihara. Bukan karena kuat, bukan karena

bahagia, melainkan karena ada kasih setia yang bekerja diam-diam. Puisi ini juga menyingkap luka relasi—mengasihi tanpa balasan—yang membuat bertahan terasa makin berat. Tuhan tidak menutup mata terhadap luka itu; Ia menemaninya.

Iman pada titik ini bukan tentang menemukan alasan besar untuk hidup. Iman adalah menerima pagi ini apa adanya, lalu mengakui bahwa rahmat Tuhan cukup untuk satu hari. Dan untuk hari ini, itu sudah cukup.

Doa

Tuhan, aku lelah dan bingung mengapa aku masih di sini. Jika aku harus menjalani hari ini lagi, tolong temani aku langkah demi langkah. Pegang aku dengan rahmat-Mu yang baru pagi ini, dan beri aku ketenangan untuk bertahan. Amin.

Ayat Alkitab
Mazmur 56:9
"Engkau telah menghitung langkah-langkah pengembaraanku; taruhlah air mataku ke dalam kirbat-Mu—bukankah semuanya telah Kau catat dalam kitab-Mu?"
Puisi
Tak bisa menangis
Aku tak bisa menangis
Sudah terlalu lama depresi
Sudah agak mati rasa
Untungnya masih punya akal sehat
Jarang sekali aku menangis
Sudah terbiasa bersedih setiap hari
Bertahun-tahun depresi
Aku tak bisa menangis hari ini
Seandainya aku bisa menangis bebas
Tak ingin kupendam rasa ini
Tapi aku tak bisa menangis
Walau pedih hati ini
Mengapa aku tak bisa menangis?
Aku ingin meluapkan emosi ini
Aku ingin menangis seperti kamu
Mungkin air mataku sudah kering
Renungan
Tidak semua luka keluar sebagai air mata. Ada kesedihan yang tinggal terlalu lama, sampai tubuh belajar bertahan dengan cara membeku. Puisi ini jujur tentang kondisi itu—bukan keras, bukan memberontak, hanya lelah dan mati rasa. Mazmur mengingatkan bahwa Tuhan tidak hanya melihat air mata yang jatuh; Ia juga mencatat air mata yang tertahan, bahkan yang tak pernah sempat keluar.
Tak bisa menangis bukan berarti tak merasakan apa-apa. Justru sering kali itu tanda betapa dalamnya rasa pedih yang dipendam. Iman di sini

tidak memaksa emosi untuk "normal" atau cepat pulih. Iman duduk di samping kita, mengakui bahwa hari ini pun terasa berat, dan itu sah.
Jika air mata belum datang, Tuhan tetap hadir. Jika hati masih kaku, Tuhan tetap mengerti. Tidak ada tuntutan untuk meluapkan segalanya sekarang. Bertahan dengan kesadaran yang tersisa—akal sehat yang masih ada—itu pun sudah merupakan bentuk keberanian. Hari ini, cukup izinkan diri kita ada, tanpa harus menangis, tanpa harus menjelaskan apa pun.

Doa

Tuhan, Engkau tahu isi hatiku meski aku tak bisa menangis. Aku lelah memendam semuanya, tapi aku juga belum sanggup melepaskannya. Tolong duduklah bersamaku hari ini, tanpa tuntutan. Jika air mata belum keluar, biarlah kehadiran-Mu yang menenangkan aku. Amin.

Ayat Alkitab
Mazmur 34:19
"TUHAN itu dekat kepada orang-orang yang patah hati, dan Ia menyelamatkan orang-orang yang remuk jiwanya."
Puisi
Terbiasa sendiri
Aku sudah terbiasa sendiri
Tak ada yang mau jadi temanku
Maafkan aku bila aku salah
Aku tak bisa membahagiakan siapapun
Mungkin aku bukan orang yang baik
Meski aku selalu mendoakan manusia
Tapi aku selalu terdiam seperti orang asing
Tak bisa menyenangkan siapa-siapa
Aku ini terbiasa sendiri
Walau aku tak suka sendirian terus
Maafkan aku yang bodoh
Aku tak bisa membuat orang tersenyum
Mungkin aku tak dibutuhkan manusia
Meski aku selalu mengasihi mereka
Tapi depresiku menghambat diriku
Tak berguna untuk siapapun
Aku terbiasa sendiri
Karena tak ada yang mau bersamaku
Tak ada yang mau jadi kekasihku
Mungkin hatiku terlalu gelap
Aku terbiasa sendiri
Tak ada yang mau jadi sandaranku
Hidupku tak penting bagi mereka
Mungkin karena aku terlalu negatif dan sedih
Renungan

Kesendirian yang dibicarakan puisi ini bukan sekadar keadaan tanpa orang, melainkan kebiasaan yang lahir dari penolakan dan kelelahan panjang. Ada permintaan maaf yang terus diulang, seolah keberadaan diri sendiri adalah beban bagi dunia. Perasaan "tak dibutuhkan" dan "tak berguna" tumbuh pelan-pelan, lalu menetap.

Mazmur tidak datang untuk membantah perasaan itu. Ia hanya berkata bahwa Tuhan dekat—dekat pada hati yang patah, bukan pada mereka yang sudah rapi. Kedekatan ini tidak selalu mengubah situasi, tetapi mengubah posisi kita: dari sendirian, menjadi ditemani. Iman, dalam momen seperti ini, tidak harus berbentuk keberanian sosial atau kepercayaan diri yang tiba-tiba pulih. Iman bisa berupa kejujuran mengakui gelapnya hati, tanpa harus menyulapnya jadi terang hari ini.

Jika selama ini kita terbiasa sendiri, mungkin hari ini cukup untuk tidak memusuhi diri kita sendiri. Kesendirian kita tidak membuat kita tak layak dikasihi. Tuhan tidak menunggu kita jadi menyenangkan dulu untuk duduk di dekat kita.

Doa

Tuhan, aku lelah merasa sendiri dan merasa tak berarti. Aku tidak tahu bagaimana caranya menjadi cukup bagi orang lain. Hari ini aku hanya ingin Engkau dekat, tanpa mengubah apa pun dulu. Tolong jaga hatiku yang rapuh ini, dan biarkan aku bernafas dengan tenang dalam kehadiran-Mu. Amin.

FASE II — Kesendirian & Identitas

Fase ini lahir dari rasa tertinggal yang tidak selalu bisa dijelaskan dengan kata-kata. Di sini, kesendirian bukan sekadar keadaan, melainkan cermin yang terus memantulkan pertanyaan tentang nilai diri. Mengapa aku terasa lambat? Mengapa aku tidak dipilih? Mengapa kehadiranku sering berakhir sebagai kekecewaan—baik bagi orang lain, maupun bagi diriku sendiri?

Puisi-puisi dalam fase ini tidak berusaha membela diri. Aku tidak sibuk membuktikan bahwa aku layak. Sebaliknya, aku duduk bersama rasa tidak dipercaya, rasa gagal memenuhi harapan, dan dorongan untuk kabur dari mimpi yang dulu pernah terasa mungkin. Identitas di sini bukan sesuatu yang kokoh, melainkan rapuh dan sering goyah.

Namun justru di ruang yang rapuh inilah doa mulai berubah bentuk. Bukan lagi doa untuk terlihat berhasil, melainkan doa agar tetap ada. Fase ini mengajak kita untuk jujur pada luka yang diam-diam membentuk cara kita memandang diri sendiri—dan perlahan belajar bahwa Tuhan tidak pergi saat kita merasa tidak cukup.

Ayat Alkitab
Mazmur 25:16
"Berpalinglah kepada-Ku dan kasihanilah aku, sebab aku kesepian dan tertindas."
Puisi
Hidup sendiri
Setiap hari aku meratap
Aku hidup sendiri terus
Mengapa aku sendiri?
Padahal cintaku begitu melimpah
Aku tak pandai bicara
Seribu kata yang tak terucap
Aku hanyalah seorang pecundang
Selalu takut untuk berkata-kata
Setiap hari hidup sendiri
Cintaku tak terbalas semua
Apa karena aku bodoh?
Cinta saja tak cukup
Aku benci diriku sendiri
Selalu gagal dalam hidup
Aku bukan orang sukses
Hanyalah penonton belaka
Apa lebih baik aku hidup sendiri?
Sebab aku tak punya harta kekayaan
Mengapa harus hidup sendiri?
Padahal cintaku tulus
Renungan
Puisi ini berbicara tentang kesendirian yang tidak dipilih, tetapi harus dijalani. Ada cinta yang besar, namun tidak menemukan tempat untuk pulang. Ada keinginan untuk bicara, tetapi kata-kata seperti membeku sebelum keluar. Perlahan, kesepian itu berubah menjadi tuduhan terhadap diri sendiri: bodoh, gagal, tidak layak dicintai.

Mazmur 25 tidak menegur perasaan itu. Pemazmur justru datang kepada Tuhan dengan satu pengakuan sederhana: aku kesepian. Tidak ada prestasi yang ditawarkan, tidak ada keberanian yang dibanggakan. Hanya hati yang lelah dan tertindas. Ayat ini mengingatkan bahwa kesendirian tidak membuat kita tidak terlihat. Di hadapan Tuhan, kesepian adalah bahasa doa.

Iman di fase ini bukan tentang percaya bahwa semuanya akan segera membaik. Iman adalah keberanian untuk tetap jujur, meski yang kita bawa hanyalah luka dan kebingungan. Jika hari ini kita hidup sendiri, itu tidak berarti cinta kita sia-sia. Mungkin cinta kita sedang belajar bertahan, bersama Tuhan yang tidak menjauh dari orang yang merasa sendirian.

Doa

Tuhan, Engkau tahu rasanya hidup sendiri dan tidak dipilih. Aku datang tanpa kata-kata yang rapi, hanya dengan hati yang lelah. Tolong duduklah bersamaku hari ini. Jika aku belum mampu mencintai diriku sendiri, biarlah aku percaya bahwa Engkau belum meninggalkanku. Amin.

Ayat Alkitab
Pengkhotbah 3:11a
"Ia membuat segala sesuatu indah pada waktunya..."
Puisi
Tak semuda itu lagi
Aku sudah tak semuda itu lagi
Semakin banyak yang panggil aku "koko"
Sudah ada yang menikah di usiaku
Sedang aku di sini belum pernah pacaran
Dulu aku lihat orang lebih tua pacaran
Sekarang aku lihat anak lebih muda pacaran
Kapan giliranku akan tiba?
Seandainya dia mau terima cintaku
Mengapa aku tak semuda itu lagi?
Makin banyak anak muda yang anggap aku tua
Sudah banyak yang pacaran di usiaku
Tapi di sini belum berhasil memilikinya
Banyak pasangan baru akan bermunculan
Kenapa aku belum ada yang mau?
Manusia lain juga semakin sukses
Sedang aku di sini hanya bertahan hidup
Aku tak semuda itu lagi
Sudah sering aku merindukan masa lalu
Seandainya aku bisa semuda itu lagi
Kembali ke masa lalu dan ubah segalanya
Renungan
Puisi ini memuat luka yang sunyi: membandingkan diri dengan waktu dan dengan orang lain. Ada rasa tertinggal yang tidak selalu bisa dijelaskan—ketika usia bertambah, tetapi harapan terasa diam di tempat. Kerinduan pada masa lalu bukan sekadar nostalgia, melainkan penyesalan yang ingin memperbaiki segalanya, seandainya waktu mau berbalik.

Pengkhotbah tidak menegur perasaan ini. Ia hanya mengingatkan bahwa waktu berada di tangan Tuhan, bukan di tangan perbandingan. Ayat ini tidak menjanjikan bahwa semua akan cepat indah, tetapi menyatakan bahwa keindahan memiliki waktunya sendiri. Iman, di fase ini, bukan kemampuan untuk berhenti membandingkan, melainkan keberanian untuk mengakui lelahnya menunggu.

Jika hari ini kita merasa "tak semuda itu lagi", Tuhan tidak menilai hidup kita dari urutan pencapaian. Bertahan hidup pun adalah perjalanan yang sah. Waktu yang terasa terlambat di mata kita belum tentu terlambat di hadapan-Nya. Kita tidak ketinggalan; kita sedang berada di waktu kita sendiri.

Doa

Tuhan, aku lelah membandingkan hidupku dengan hidup orang lain. Waktu terasa berjalan, sementara aku tertinggal. Aku tidak meminta jawaban cepat—hanya ketenangan untuk menerima hari ini apa adanya. Tolong ajari aku berjalan pelan bersama-Mu, tanpa harus membenci diriku sendiri. Amin.

Ayat Alkitab
Mazmur 73:23
"Namun aku tetap di dekat-Mu; Engkau memegang tangan kananku."
Puisi
Aku lemot
Hidup berjalan dengan begitu cepat
Tapi aku masih terjebak sendiri
Apa aku terjebak karena aku lemot?
Manusia lain telah berhasil mencapai sesuatu
Aku lemot, belum berhasil dalam apapun
Tak pandai bicara atau menyapa orang
Dunia tak butuh orang yang lemot seperti aku
Aku lemot, bodoh, apa gunanya aku?
Hidup manusia begitu cepat berubah
Tapi aku masih depresi bertahun-tahun
Aku lemot dalam apapun yang kulakukan
Manusia lain menjadi semakin sukses
Aku lemot, belum dipromosikan oleh Tuhan
Tak diterima cintaku dan ketulusanku
Bahkan aku gagal masuk pelayanan di gereja
Aku lemot, bahkan gereja tak butuh aku
Seandainya aku tak lemot
Ingin ku berhasil dalam hidup
Seandainya dunia bisa lemot sepertiku
Hidup pelan tanpa terburu berhasil
Renungan
Puisi ini lahir dari kelelahan mengejar kecepatan dunia. Ketika semua tampak bergerak maju, ada perasaan tertinggal yang berubah menjadi label: "aku lemot." Kata itu pelan-pelan merampas nilai diri, seolah keberadaan harus dibuktikan dengan pencapaian, penerimaan, atau promosi—bahkan di hadapan Tuhan dan gereja.

Mazmur 73 tidak memuji keberhasilan. Pemazmur justru mengaku hampir tergelincir ketika membandingkan diri dengan orang lain. Namun satu kalimat ini tinggal: "aku tetap di dekat-Mu." Iman di sini bukan soal melaju lebih cepat, melainkan tetap tinggal ketika langkah terasa berat. Tuhan memegang tangan, bukan stopwatch.

Jika hari ini kita merasa lambat, itu tidak berarti kita tidak dibutuhkan. Kecepatan dunia bukan ukuran kedekatan dengan Tuhan. Ada hidup yang berjalan pelan, namun tetap dijaga. Bertahan—meski tanpa sorak—adalah bentuk kesetiaan yang sunyi. Dan mungkin, di tangan yang memegang kita itu, pelan bukanlah kegagalan.

Doa

Tuhan, aku lelah merasa tertinggal dan tidak berguna. Aku tidak tahu bagaimana mengejar dunia yang berlari. Jika aku harus berjalan pelan, tolong genggam tanganku hari ini. Aku hanya ingin tetap dekat dengan-Mu, tanpa harus membuktikan apa pun. Amin.

Ayat Alkitab
Yohanes 1:11
"Ia datang kepada milik kepunyaan-Nya, tetapi orang-orang kepunyaan-Nya itu tidak menerima-Nya."
Puisi
Aku tak dipercaya
Aku tak pandai bergaul
Tak seperti manusia lain
Terdiam aku di sini
Bicara bukan keahlianku
Aku tak dipercaya gereja
Terlalu jujur dengan perasaan
Tidak bisa mereka andalkan
Tak berguna di mata mereka
Bukan aku yang dicari
Manusia tak kompeten dibuang
Ditinggal sendiri tanpa perhatian
Ditolak pelayanan berulang kali
Aku tak diperlukan orang
Hanya satu makhluk biasa
Tidak signifikan bagi jemaat
Seperti kegelapan aku diabaikan
Tak ada tempat bagi kegelapan
Terlalu terang tempat itu
Aku tak dipercaya
Terlalu bodoh untuk standar mereka
Beban aku bagi mereka
Kuk yang terlalu berat
Ditelantarkan begitu saja
Mengapa aku masih berharap?
Aku masih percaya mereka
Karena mereka anak Tuhan

Tak mau diselimuti kepahitan
Biar Tuhan yang membelaku

Renungan

Puisi ini menyingkap luka yang jarang dibicarakan: ditolak oleh tempat yang seharusnya menjadi rumah. Ada kesedihan ketika kejujuran justru dianggap kelemahan, dan kehadiran terasa seperti beban. Penolakan yang berulang bisa membuat seseorang meragukan nilainya sendiri—bahkan mempertanyakan apakah masih pantas berharap.

Ayat Injil ini tidak membela institusi, tetapi menyertai hati yang terluka. Yesus sendiri mengalami penolakan dari mereka yang paling dekat. Itu tidak membuat-Nya kurang bernilai, dan itu juga tidak membuat luka kita kecil. Iman di sini bukan memaksa diri untuk kuat, melainkan memilih untuk tidak membiarkan kepahitan menguasai hati. Ada keberanian yang sunyi dalam kalimat terakhir puisi ini: menyerahkan pembelaan kepada Tuhan.

Jika hari ini kita merasa tak dipercaya, ingatlah bahwa penolakan manusia tidak menentukan siapa diri kita di hadapan Tuhan. Kita boleh tetap lembut, tetap berharap, dan tetap jujur—tanpa harus membuktikan kelayakan kita. Bertahan dengan hati yang tidak pahit pun sudah sangat cukup.

Doa

Tuhan, Engkau tahu rasanya ditolak dan diabaikan. Aku lelah membawa beban ini sendirian. Tolong jaga hatiku agar tidak mengeras oleh kepahitan. Jika aku tidak dimengerti hari ini, ajari aku untuk tetap bernafas tenang di hadapan-Mu. Aku serahkan pembelaanku kepada-Mu. Amin.

Ayat Alkitab
Ratapan 3:31–32
"Karena tidak untuk selama-lamanya Tuhan menolak. Walaupun Ia mendatangkan susah, Ia juga menyayangi menurut kebesaran kasih setia-Nya."
Puisi
Selalu mengecewakan
Hidupku selalu mengecewakan
Harapan yang tak tak terpenuhi
Mengapa aku selalu gagal?
Keinginanku selalu menyakitiku
Selalu mengecewakan diriku sendiri
Letih lesu aku begini
Tak mau lagi aku berharap
Tapi harapan tak bisa kubuang begitu saja
Harapanku selalu mengecewakan
Ekspektasi yang tak tercapai
Mengapa gagal lagi dan lagi?
Kemauanku selalu menyiksaku
Selalu mengecewakan hatiku sendiri
Lelah batinku begini terus
Tak ingin lagi aku berharap
Mengapa harapan tak bisa kubuang?
Sekalipun hidup selalu mengecewakan
Sekalipun cintaku tak terbalas olehnya
Sekalipun dia tak suka pada diriku
Aku akan tetap berharap pada Tuhan Allahku
Renungan
Puisi ini jujur tentang luka yang berulang: harapan yang lahir, jatuh, lalu melukai lagi. Ada kelelahan batin yang dalam—bukan karena tidak mencoba, tetapi karena terlalu sering mencoba dan gagal. Menariknya, di

tengah keinginan untuk berhenti berharap, harapan itu tetap tinggal. Ia tidak bisa dibuang begitu saja, sekalipun menyakitkan.

Ratapan memahami ketegangan ini. Kitab ini tidak menutupi kesusahan, namun berani mengatakan bahwa penolakan Tuhan tidak bersifat kekal. Ayat ini tidak menjanjikan bahwa harapan akan segera terwujud, tetapi menyatakan bahwa kasih setia Tuhan masih bekerja bahkan di sela-sela kekecewaan. Iman, di sini, bukan optimisme yang keras kepala, melainkan pilihan yang rapuh: tetap berharap kepada Tuhan ketika semua harapan lain terasa melukai.

Jika hari ini kita lelah oleh ekspektasi yang runtuh, kita tidak sendirian. Bertahan dengan harapan yang tertatih—itu pun sudah sebuah iman.

Doa

Tuhan, aku lelah berharap dan lelah kecewa. Aku tidak tahu bagaimana caranya menjaga hatiku agar tidak hancur lagi. Hari ini aku hanya ingin meletakkan harapanku di hadapan-Mu, apa adanya. Jika aku belum kuat, tolong topang aku pelan-pelan. Aku ingin tetap tinggal bersama-Mu. Amin.

Ayat Alkitab
Pengkhotbah 2:11
"Ketika aku meninjau segala perbuatanku yang dilakukan tanganku dan segala usaha yang telah kulakukan dengan jerih payah, maka sungguh, semuanya adalah kesia-siaan dan usaha menjaring angin; dan tak ada keuntungan di bawah matahari."
Puisi
Sumber kekecewaan
Pengharapan beri masa depan
Bahagia terasa sempurna
Damai kemuliaan menanti
Sayangnya hidup tak seindah itu
Harapan adalah sumber kekecewaan
Gagal aku dalam mencintai
Aku terbang tinggi ke awan
Lalu jatuh ke jurang
Ingin ku bersinar terang
Sukses saat masih muda
Kelimpahan aku harapkan
Tapi itu semua tak terjadi
Kemauan jadi sumber kekecewaan
Tak berhasil meraih mimpi
Seandainya aku tidak berangan-angan
Mungkin tak sesakit ini
Harapan seperti pedang bermata dua
Sumber bahagia dan kekecewaan
Tak mampu aku menyerah
Terus berharap walaupun kecewa
Renungan
Puisi ini tidak menolak harapan, tetapi mengaku jujur tentang harganya. Harapan mengangkat, lalu menjatuhkan. Ia memberi arah, namun juga membuka ruang luka ketika kenyataan tidak menyusul. Ada penyesalan

yang lirih: seandainya tidak berharap setinggi itu, mungkin rasa sakitnya tidak sedalam ini.

Pengkhotbah mengenal pengalaman ini. Ia menamai usaha manusia sebagai "menjaring angin"—bukan untuk meremehkan usaha, tetapi untuk mengakui rapuhnya hasil. Kitab ini tidak menyuruh kita berhenti bermimpi, melainkan mengajak kita jujur tentang keterbatasan mimpi dalam menopang hidup. Iman, di sini, bukan menutup mata dari kekecewaan, melainkan duduk bersamanya tanpa berpura-pura kuat.

Jika hari ini harapan terasa seperti pedang bermata dua, kita tidak salah karena tetap berharap. Bertahan di tengah kekecewaan, tanpa menyangkal luka, adalah langkah iman yang sunyi. Tuhan tidak menuntut harapan yang muluk—Ia hadir juga ketika harapan tertatih.

Doa

Tuhan, aku lelah berharap dan terluka karenanya. Aku tidak tahu bagaimana menjaga hatiku tanpa mematikan harapan. Hari ini aku menyerahkan kekecewaanku kepada-Mu. Tolong temani aku berjalan pelan, tanpa harus memahami semuanya. Cukup beri aku ketenangan untuk bertahan. Amin.

Ayat Alkitab

Roma 8:24

"Sebab dalam pengharapan kita telah diselamatkan. Tetapi pengharapan yang dilihat bukan pengharapan lagi, karena bagaimana orang masih mengharapkan apa yang dilihatnya?"

Puisi

Kabur dari harapan

Harapan yang tak terpenuhi
Jadi sumber kekecewaan
Lelah aku berharap
Jangan-jangan kecewa lagi
Ingin kabur dari harapan
Biar ekspektasi tidak tinggi
Tak perlu berambisi
Hidup sederhana saja
Seperti pedang bermata dua
Harapan bawa sukacita
Risiko penderitaan bila gagal
Tak mau lagi berharap
Tak bisa buang harapan
Bukan manusia bila tak berharap
Selalu ada yang kumau
Tak jera aku mencoba
Aku kabur dari harapan
Tapi harapan selalu mengejar
Seperti rasa lapar kurasa
Mustahil untuk musnahkan harapan
Harapan yang merepotkan
Biar kuterima saja
Berharap walaupun kecewa
Mungkin nanti aku bahagia

Renungan

Puisi ini jujur tentang kelelahan yang lahir bukan dari kegagalan semata, tetapi dari siklus berharap dan kecewa. Ada keinginan untuk hidup sederhana, menurunkan ekspektasi, bahkan "kabur" dari harapan agar tidak terluka lagi. Namun harapan itu tidak bisa dimatikan. Ia terus mengejar, seperti lapar yang muncul kembali meski sudah diabaikan.

Roma tidak menyuruh kita menyingkirkan harapan, tetapi menempatkannya di ruang yang lebih dalam. Pengharapan yang dibicarakan di sini tidak bergantung pada apa yang terlihat atau segera tercapai. Ia hidup justru di tengah ketidakpastian. Iman, dalam fase ini, bukan keberanian untuk bermimpi besar, melainkan kesediaan menerima bahwa berharap bisa melelahkan—dan tetap memilih untuk hidup.

Jika hari ini harapan terasa merepotkan, kita tidak salah. Tuhan tidak menuntut harapan yang sempurna. Ia hadir juga saat harapan kita tertatih, ragu, dan penuh bekas luka. Bertahan sambil berharap seadanya pun sudah cukup.

Doa

Tuhan, aku lelah berharap dan lelah kecewa. Aku ingin lari, tapi aku tahu harapan tidak bisa hilang begitu saja. Hari ini aku menyerahkan harapanku yang compang-camping kepada-Mu. Tolong tenangkan hatiku, dan biarkan aku berjalan pelan tanpa tekanan untuk segera bahagia. Amin.

FASE III — Penolakan & Luka Relasi

Fase ini berbicara tentang pintu-pintu yang tertutup—bukan hanya secara fisik, tetapi juga secara emosional dan rohani. Di sini ada cinta yang tidak kembali, sapaan yang mendingin, komunitas yang terasa menjauh, dan gereja yang tak lagi terasa seperti rumah. Penolakan tidak selalu datang dengan kata keras; sering kali ia hadir lewat diam, jarak, dan ketidakhadiran.

Puisi-puisi dalam fase ini tidak berusaha memperbaiki relasi yang retak. Ia hanya mencatat rasa sakitnya. Ada pertanyaan yang menggantung: "Ke mana kalian pergi?" Ada kerinduan untuk dimengerti, namun juga kelelahan karena terus berharap diterima. Luka relasi kerap terasa lebih dalam karena menyentuh kebutuhan dasar manusia: dicintai, dipilih, dan disambut.

Fase ini tidak mengajarkan cara memaafkan dengan cepat atau kembali percaya begitu saja. Ia memberi ruang bagi ratapan—karena iman juga bisa terluka oleh sesama orang percaya. Di sini, bertahan berarti berani mengakui bahwa hubungan bisa gagal, tanpa harus menganggap diri tidak layak dikasihi Tuhan.

Ayat Alkitab
Mazmur 27:10
"Sekalipun ayahku dan ibuku meninggalkan aku, namun TUHAN menyambut aku."
Puisi
Ditolak lagi
Aku hanya ingin bersamamu
Tapi kau acuhkan hadirku
Tak kau pedulikan cintaku
Dingin sikapmu kepada diriku
Padahal aku sayang kamu
Tapi aku ditolak lagi
Cinta saja tak cukup
Terlalu bodoh aku ini
Aku hanya ingin melayani
Tapi gereja menolak aku
Ketulusan ini tak cukup
Depresi dan sifat diamku menghalangiku
Sebenarnya aku sudah bersemangat
Sayangnya aku ditolak lagi
Kasih tulusku masih kurang
Anti sosial dan kurang baik
Aku ditolak lagi di gereja
Lima kali aku daftar pelayanan
Lima kali aku ditolak
Tak ada tempat untuk orang depresi
Cintaku ditolak lagi oleh wanita itu
Tak mampu aku membuatnya tersenyum
Terlalu stres aku ini
Bukan aku yang dia perlu
Teman-temanku meninggalkanku
Manusia yang kusuka menolakku

Bahkan rumah Tuhan tak mau aku melayani
Dimana letak kegunaanku?

Renungan

Puisi ini membawa beban penolakan yang berlapis: cinta yang tidak disambut, komunitas yang menutup pintu, dan gereja yang terasa menjauh. Penolakan seperti ini sering menggerus harga diri, hingga muncul pertanyaan paling menyakitkan: "di mana letak kegunaanku?" Tidak ada upaya membela diri di sini—hanya kejujuran yang lelah.

Mazmur 27 tidak menghapus rasa ditinggalkan. Ia hanya menaruh satu kalimat penyangga: Tuhan menyambut. Bukan karena kita berhasil diterima manusia, melainkan karena Tuhan memilih untuk tinggal ketika orang lain pergi. Iman, di fase ini, bukan keyakinan bahwa pintu akan segera terbuka, tetapi keberanian untuk tetap berdiri di hadapan Tuhan dengan hati yang memar.

Jika hari ini kita ditolak lagi, kita tidak perlu segera kuat atau optimis. Cukup akui lukanya. Di hadapan Tuhan, pertanyaan kita sah. Disambut oleh-Nya tidak selalu terasa, tetapi janji-Nya tidak bergantung pada penilaian manusia.

Doa

Tuhan, aku lelah ditolak dan mempertanyakan nilainya diriku. Aku datang dengan hati yang kecewa dan bingung. Jika aku belum menemukan tempatku, tolong sambut aku di hadapan-Mu hari ini. Biarkan aku bernafas pelan dalam kehadiran-Mu, tanpa tekanan untuk segera baik-baik saja. Amin.

Ayat Alkitab
Mazmur 142:5
"Aku berseru kepada-Mu, ya TUHAN: 'Engkaulah tempat perlindunganku, bagianku di negeri orang-orang hidup.'"
Puisi
Semua pintu tertutup
Ke mana aku dapat pergi?
Kuketuk pintu hatimu
Tak kau bukakan untukku
Asing aku bagi dirimu
Pintu cinta telah ditutup
Kuketuk pintu mimpiku
Buku puisi yang kutulis
Puisi cinta dan ratapan
Pintu mimpi tak terbuka
Ditolak puisiku oleh mereka
Pintu pelayanan sekarang kudatangi
Kuketuk dengan sangat keras
Lima kali aku mengetuk
Lima kali aku ditolak
Usaha menjaring angin
Ketulusanku tak berarti lagi
Semua pintu tertutup
Di mana janji Tuhan?
Tak berhasil dalam cinta
Suka pada kekasih orang
Mimpi itu jauh sekali
Tinggi bagaikan langit
Bulan yang tak tergapai
Haruskah aku terbang tinggi?
Pelayanan tak membutuhkanku
Bukan aku yang mereka mau

Semua pintu tertutup
Harus kemana lagi?

Renungan

Puisi ini berdiri di lorong sempit bernama kebuntuan. Ketika satu per satu pintu tertutup—cinta, mimpi, pelayanan—yang tersisa hanyalah gema ketukan yang tidak dijawab. Penolakan yang berulang mengikis makna usaha, hingga ketulusan pun terasa sia-sia. Pertanyaan "harus ke mana lagi?" bukan keluhan manja, melainkan jeritan orang yang sudah mencoba segala arah.

Mazmur 142 lahir dari tempat serupa: gua, pelarian, jalan buntu. Pemazmur tidak menemukan pintu keluar, tetapi menemukan tempat berseru. Tuhan tidak digambarkan sebagai pembuka pintu instan, melainkan sebagai tempat berlindung ketika semua jalan tertutup. Iman di sini bukan keyakinan bahwa pintu berikutnya pasti terbuka, tetapi keberanian untuk tetap berseru saat tidak ada alternatif.

Jika hari ini semua pintu terasa tertutup, mungkin iman kita sedang belajar bernapas di ruang sempit. Bertahan di hadapan Tuhan, tanpa kepastian arah, bukan kegagalan. Itu adalah bentuk doa yang paling jujur.

Doa

Tuhan, aku kehabisan pintu untuk diketuk. Aku bingung dan lelah menunggu jawaban. Hari ini aku hanya datang kepada-Mu, tanpa rencana dan tanpa kepastian. Jadilah tempatku bernaung ketika aku tidak tahu harus ke mana lagi. Tolong tenangkan hatiku agar aku bisa bertahan satu hari lagi. Amin.

Ayat Alkitab
Mazmur 55:13–14
"Bukan musuh yang mencela aku—itu dapat kutanggung—... tetapi engkau, temanku, orang kepercayaanku."
Puisi
Kemana kalian pergi?
Aku disini sendiri lagi
Manusia tak bisa selalu bersamaku
Mereka sibuk dengan urusannya sendiri
Tak mau jadi temanku
Kemana kalian pergi?
Dulu kalian bilang takkan tinggalkan aku
Janji akan selamanya menjadi temanku
Tapi saat kucari kalian menghilang
Aku disini tertinggal sendiri
Jangan buat janji bila tak ditepati
Sekarang sendirian aku merana
Sengsara aku tanpa kalian
Kemana kalian pergi?
Kalian yang berjanji akan setia
Sekarang aku yang terluka
Kalian tak lagi di sisiku
Mengapa kalian pergi begitu saja?
Aku masih mengasihi kalian
Kemana kalian pergi?
Aku ingin pergi bersama kalian
Renungan
Puisi ini menyuarakan luka yang khas: ditinggalkan oleh orang-orang yang pernah berjanji. Bukan sekadar kesepian, melainkan rasa dikhianati oleh kedekatan yang dahulu terasa aman. Pertanyaan "ke mana kalian pergi?" bukan tuntutan, melainkan panggilan dari hati yang masih ingin bersama, masih mengasihi, meski terluka.

Mazmur 55 memahami pedih ini. Pemazmur tidak diserang oleh musuh, tetapi dilukai oleh sahabat. Alkitab tidak menegur ratapan seperti ini; ia memberinya tempat. Iman, di momen ini, bukan kemampuan untuk segera memaafkan atau melupakan, melainkan keberanian untuk membawa kekecewaan apa adanya kepada Tuhan. Tuhan tidak menertawakan kesedihan yang lahir dari janji yang patah.

Jika hari ini kita tertinggal sendiri, kita tidak berlebihan. Rasa kehilangan kita sah. Di hadapan Tuhan, kita boleh bertanya tanpa harus kuat. Bertahan sambil merawat luka, tanpa menutupinya dengan kalimat rohani, sudah merupakan langkah iman yang jujur.

Doa

Tuhan, aku terluka karena ditinggalkan. Aku rindu kebersamaan yang dulu ada, dan aku tidak tahu harus ke mana membawa rindu ini. Hari ini aku hanya ingin Engkau mendengarkanku. Tolong tenangkan hatiku yang kehilangan, dan ajari aku bertahan satu langkah demi satu langkah bersama-Mu. Amin.

Ayat Alkitab
Mazmur 56:9
"Pada waktu aku berseru, maka musuh-musuhku akan mundur; inilah yang kuketahui: Allah memihak aku."
Puisi
Kasih yang tak kembali
Aku mengasihi mereka sepenuh hati
Tapi entah dosa apa yang telah kuperbuat
Mereka abaikan kasih tulusku
Seandainya mereka bisa memaafkanku
Kasih yang tak kembali
Membuat aku terus kecewa
Tapi aku tak menyesal mengasihi
Sebab mengasihi adalah perintah Tuhan
Aku mengasihi mereka dengan tulus
Tapi entah kesalahan apa yang kulakukan
Mereka hiraukan rasa cintaku
Andai saja mereka bisa mengampuniku
Kasih yang tak kembali
Bikin aku sering merana
Tapi mengasihi itu hal yang baik
Sebab Tuhan ingin aku mengasihi
Aku akan memberi kasih walau tak kembali
Sebab mencintai manusia bukanlah dosa
Tak perlu aku menyesal mencintai
Karena mengasihi mereka bukanlah kesalahan
Kasih yang tak kembali
Aku sedih tapi ingat Tuhan itu adil
Dia akan menghargai kasihku walau manusia tidak
Dia akan memberkati perbuatan kasihku
Renungan

Puisi ini tidak mencoba membenarkan luka, tetapi mengakuinya dengan jujur. Mengasihi yang tidak dibalas sering membuat hati mempertanyakan diri sendiri: apa aku salah, apa aku kurang, apa aku pantas ditinggalkan? Kecewa yang berulang pelan-pelan menggerogoti keberanian untuk tetap peduli.

Mazmur ini tidak menutup kenyataan bahwa manusia bisa berpaling. Namun ia duduk bersama kita di titik terlemah itu, sambil berbisik bahwa Allah memihak orang yang berseru, bukan yang terlihat kuat. Kasih yang tak kembali tidak otomatis menjadi kesalahan. Dalam iman Kristen, mengasihi memang tidak selalu berakhir dengan pelukan, kadang hanya berakhir dengan air mata.

Jika hari ini kita tetap mengasihi sambil terluka, itu bukan kegagalan rohani. Itu bentuk kesetiaan yang sunyi. Tuhan melihatnya, menyimpannya, dan tidak mengabaikannya—meski manusia melakukannya.

Doa

Tuhan, Engkau tahu lelahku saat kasihku tidak kembali. Aku sedih, bingung, dan sering merasa tidak cukup. Hari ini aku tidak meminta hatiku diperbaiki dengan cepat. Aku hanya ingin Engkau menemani lukaku. Diamlah bersamaku sebentar, dan biarkan aku bernafas lagi di hadapan-Mu. Amin.

Ayat Alkitab
Matius 24:12
"Dan karena makin bertambahnya kedurhakaan, maka kasih kebanyakan orang akan menjadi dingin."
Puisi
Kasih yang dingin
Dunia menjadi semakin kacau
Kedurhakaan bertambah setiap hari
Dosa menjadi hal yang biasa
Berzinah pun diromantisasi oleh dunia
Orang menjadi semakin cuek
Kasih yang dingin membekukan dunia
Manusia menjadi semakin egois
Kasih yang dingin sudah normal
Dunia menjadi semakin rusak
Nilai moral semakin tidak dihargai
Kejahatan diperbolehkan oleh raja-raja dunia
Seks sebelum nikah sudah menjadi tradisi
Orang terus mementingkan diri sendiri
Kasih yang dingin menghanyutkan dunia
Manusia mengabaikan perasaan orang lain
Kasih yang dingin menjadi pilihan mereka
Sulit bagiku hidup di dunia ini
Kasih yang dingin terus merajalela
Jangan sampai kasihku menjadi dingin
Sebab kasih yang dingin bisa menjadi dosa
Renungan
Puisi ini lahir dari kelelahan melihat dunia yang terasa makin asing. Bukan hanya karena kejahatan yang terang-terangan, tetapi karena dinginnya hati manusia—acuh, terburu-buru, dan tak lagi peduli pada luka sesama. Yesus sendiri pernah menyebutkan keadaan ini: kasih yang

mendingin bukan hal baru, dan bukan tanda bahwa imanmu salah membaca zaman.

Merasa lelah hidup di tengah dunia seperti ini adalah reaksi yang manusiawi. Puisi ini tidak menuduh dunia dari menara tinggi, melainkan berbicara dari dalam luka: "Sulit bagiku hidup di dunia ini." Iman di sini bukan keberanian untuk melawan segalanya, melainkan ketakutan yang jujur agar hati sendiri tidak ikut membeku.

Kadang bertahan berarti menjaga sebutir kecil kasih agar tidak padam. Bukan untuk menjadi pahlawan moral, tetapi untuk tetap menjadi manusia. Tuhan tidak meminta kita kuat setiap saat—Ia mengerti rapuhnya hati yang hidup di zaman dingin.

Doa

Tuhan, aku lelah melihat dunia yang terasa keras dan dingin. Aku takut suatu hari hatiku ikut mati rasa. Tolong jagalah kasihku, meski kecil dan sering gemetar. Aku tidak minta dunia berubah cepat, aku hanya ingin Engkau tinggal bersamaku agar aku tidak kehilangan kemanusiaanku. Amin.

Ayat Alkitab
Yohanes 17:21
"Supaya mereka semua menjadi satu, sama seperti Engkau, ya Bapa, di dalam Aku dan Aku di dalam Engkau, agar mereka juga di dalam Kita, supaya dunia percaya, bahwa Engkaulah yang telah mengutus Aku."
Puisi
Gereja yang terpisah
Dulu kita selalu bersama
Beribadah dengan sukacita
Bertepuk tangan dan tertawa
Menangis, berseru dalam doa
Mengapa tak bersama lagi
Gereja yang terpisah
Perbedaan pendapat
Manajemen yang hancur
Pemimpin yang tak rukun
Tak pernah saling berkunjung
Visi misi kapan tercapai
Bila tak bersatu lagi
Sayangnya tak lagi jadi satu
Perpecahan gereja
Kesatuan yang runtuh
Umat Tuhan terpencar
Jemaat jadi kecewa
Di mana kasih yang kau beritakan?
Mengapa tak saling berkunjung
Tak kulihat persatuan kasih
Padahal bisa bertumbuh cepat
Seandainya bersatu lagi
Gereja yang terpisah
Tak paham apa yang terjadi
Renungan

Puisi ini berbicara tentang duka yang jarang diakui: kehilangan rumah rohani. Ketika gereja terpecah, yang terluka bukan hanya struktur atau kepemimpinan, tetapi hati jemaat yang pernah percaya bahwa mereka berjalan bersama. Yesus pernah berdoa agar umat-Nya menjadi satu, bukan sebagai tuntutan sempurna, melainkan sebagai kerinduan kasih.

Rasa bingung dan kecewa dalam puisi ini tidak melawan iman. Ia justru lahir dari cinta—cinta pada gereja yang dulu hidup, hangat, dan saling menopang. Tidak semua perpisahan bisa kita pahami, dan tidak semua luka bisa segera dipulihkan. Ada kalanya iman hanya mampu bertanya, "Apa yang sebenarnya terjadi?"

Tuhan tidak tersinggung oleh kesedihan seperti ini. Ia hadir di tengah reruntuhan relasi, duduk bersama jemaat yang tercecer. Bertahan di tengah kebingungan pun adalah bentuk kesetiaan. Jika hari ini gereja terasa retak, mungkin yang bisa kita lakukan hanyalah menjaga agar kasih di hati sendiri tidak ikut pecah.

Doa

Tuhan, hatiku sedih melihat apa yang terpisah dan tak lagi utuh. Aku rindu kebersamaan yang dulu, tapi aku juga lelah mencoba memahami semuanya. Tolong jaga hatiku agar tidak keras atau pahit. Ajari aku tetap mengasihi, meski banyak hal tak bisa kuperbaiki. Aku menyerahkan duka ini kepada-Mu, dan aku ingin tetap tinggal bersama-Mu. Amin.

Fase IV — Pergumulan Iman & Makna

Fase ini tidak lagi bertanya apakah aku diterima,
Melainkan apakah Tuhan masih bersamaku.
Di sini iman tidak terdengar seperti nyanyian,
Melainkan seperti napas yang tertahan lama.
Doa tidak mengalir lancar—ia tersendat, berputar,
Kadang hanya berupa keluhan yang tak tahu arah.
Segalanya terasa seperti usaha menjaring angin:
Lelah, jujur, tetapi seolah tak menghasilkan apa-apa.
Pada fase ini, Tuhan tidak selalu tampak baik.
Dunia terlihat rusak, tanah terasa terkutuk,
Dan kejahatan bukan lagi konsep jauh—
Ia menyentuh keluarga, identitas, bahkan bayangan diri sendiri.
Ada rasa gagal yang dalam: sebagai anak, sebagai ayah,
Sebagai manusia yang seharusnya "lebih rohani".
Namun fase ini bukan tanda iman mati.
Justru di sinilah iman bergumul paling jujur.
Kitab Suci pun mengenal ruang ini—
Tempat Ayub berteriak, Mazmur meratap,
Dan laut terbelah bukan oleh keberanian,
Melainkan oleh keputusasaan yang bersandar penuh.
Jika engkau tiba di sini,
Engkau tidak sendirian.
Tuhan tidak pergi dari pertanyaanmu.
Ia menunggu di dalamnya.

Ayat Alkitab
Pengkhotbah 1:2
"Segala sesuatu adalah kesia-siaan, kata Pengkhotbah, kesia-siaan belaka, semuanya sia-sia."
Puisi
Usaha menjaring angin
Segala sesuatu itu menjemukan
Hingga tak terkatakan oleh manusia
Mata tidak kenyang melihat
Telinga tidak puas mendengar
Manusia terus bekerja di bawah matahari
Membanting tulang tanpa henti
Buat apa bersusah-susah untuk hidup?
Suatu hari kita semua juga akan mati
Untuk apa manusia bertengkar?
Konflik hanyalah usaha menjaring angin
Tak bisakah kalian mengalah saja?
Hidup ini sudah cukup membosankan
Semua ini hanyalah usaha menjaring angin
Karena hal duniawi tak ada yang kekal
Semua tak ada artinya jika tak kekal
Tapi kuingat ada Pribadi yang kekal
Hanya Allahku yang kekal di surga
Hal-hal surgawi akan kukejar
Sebab hal-hal surgawi yang kekal lebih berarti
Dari semua hal duniawi yang seperti uap
Renungan
Puisi ini berbicara dengan kejujuran yang sunyi: kelelahan melihat hidup berputar tanpa ujung. Bekerja, berjuang, berdebat, lalu kembali pada kekosongan yang sama. Pengkhotbah mengenal perasaan ini dengan sangat baik. Ia tidak menutupinya dengan kata-kata manis. Ia menyebutnya apa adanya: sia-sia, seperti menjaring angin.

Ada masa ketika iman tidak memberi semangat baru, melainkan hanya kemampuan untuk melihat dengan jujur. Bahwa banyak hal di dunia ini memang tidak memuaskan, tidak kekal, dan sering kali melelahkan. Dan itu bukan tanda kurang iman. Itu tanda mata terbuka.

Namun di tengah pengakuan bahwa segalanya seperti uap, puisi ini tidak berhenti pada kehampaan. Ada satu ingatan yang tersisa: ada Pribadi yang tidak menguap. Allah yang kekal tidak meniadakan lelah kita, tetapi Ia memberi arah pada kelelahan itu. Mengejar hal-hal surgawi bukan berarti membenci dunia, melainkan menolak menjadikannya segalanya. Bertahan pun, di hadapan Allah yang kekal, sudah merupakan bentuk iman yang tenang.

Doa

Tuhan, aku lelah melihat hidup berputar tanpa kepastian. Banyak usahaku terasa sia-sia, seperti menjaring angin. Aku tidak selalu kuat, tidak selalu mengerti makna dari semua ini. Tapi hari ini aku ingin duduk saja di hadapan-Mu, mengingat bahwa Engkau tetap ada ketika segalanya terasa kosong. Ajari aku bertahan tanpa harus berpura-pura kuat, dan biarkan hatiku perlahan tenang di hadapan-Mu. Amin.

Ayat Alkitab
Kejadian 3:19
"Dengan berpeluh engkau akan mencari makananmu, sampai engkau kembali lagi menjadi tanah, karena dari situlah engkau diambil; sebab engkau debu dan engkau akan kembali menjadi debu."
Puisi
Tanah yang dikutuk
Manusia jatuh dalam dosa
Satu pelanggaran jadi kematian
Jerih payah menjadi kewajiban
Tak bisa bebas lagi
Tanah yang dikutuk Tuhan
Semak belukar jadi halangan
Keringat bercucuran tiap hari
Lelah dikutuk oleh Tuhan
Bercocok tanam setiap hari
Pohon tak selalu berbuah
Belalang pelahap yang merusak
Membanting tulang melawan kutuk
Tanah yang dikutuk Allah
Dari tanah kita dibentuk
Lalu kembali jadi butiran debu
Kutukan yang mematikan
Kutukan harus kita lawan
Sebab Tuhan janjikan berkat
Akan bebas dari kutukan
Hanya perlu percaya kepada-Nya
Tanah baru dijanjikan Tuhan
Berkat melimpah bagi umat-Nya
Tak perlu lagi letih bekerja
Terpujilah Tuhan Sang Pencipta
Renungan

Puisi ini tidak berusaha melunakkan kenyataan bahwa hidup sering terasa berat dan melelahkan. Tanah yang dikutuk adalah gambaran dunia yang tidak ramah: kerja keras yang tidak selalu berbuah, usaha yang sering terasa sia-sia, tubuh yang letih oleh kewajiban. Alkitab pun tidak menutup mata terhadap hal ini. Sejak awal, manusia memang hidup dalam jerih payah, berpeluh untuk sekadar bertahan.

Di sini, iman tidak hadir sebagai penghapus kutuk secara instan. Janji Tuhan tentang tanah baru tidak membatalkan kelelahan hari ini. Ia justru memberi arah: bahwa letih ini bukan akhir cerita. Kita diizinkan mengakui betapa beratnya hidup di tanah yang rusak, tanpa harus merasa kurang rohani.

Percaya kepada Tuhan, dalam konteks ini, bukan berarti hidup langsung menjadi ringan. Kadang itu hanya berarti tetap melangkah, tetap menanam, meski takut tidak berbuah. Dan mungkin, iman hari ini cukup berbentuk kesetiaan kecil: terus hidup, terus berharap, sambil menunggu tanah yang belum kita pijak.

Doa

Tuhan, Engkau tahu betapa lelahnya hidup di dunia yang keras ini. Banyak usahaku terasa berat dan tidak menghasilkan apa-apa. Aku tidak selalu kuat, tidak selalu yakin. Tapi hari ini aku datang apa adanya, membawa peluh dan debuku sendiri. Tolong aku bertahan di tanah yang sulit ini, sambil menaruh harap pelan-pelan kepada-Mu. Amin.

Ayat Alkitab
Mazmur 27:10
"Sekalipun ayahku dan ibuku meninggalkan aku, namun TUHAN menyambut aku."
Puisi
Gagal jadi ayah
Tumbuh dewasa tanpa ayah
Figur bapa tak kupunya
Mengapa dia tinggalkan aku?
Tak adakah kasih di hatinya?
Gagal jadi ayah
Beranak tanpa bertanggung jawab
Tak pernah menafkahi
Di mana hati nuraninya?
Bukan hanya dia yang gagal
Daud, Salomo
Ishak, Yakub
Harun, Samuel
Gagal jadi ayah
Tak mudah memiliki anak
Menjadi ayah itu sulit
Mengapa banyak yang gagal?
Bagaimana dengan aku?
Apa suatu hari jadi ayah?
Untungnya aku punya Allah Bapa
Dia Ayah yang tak pernah gagal
Tetap takut jadi ayah
Walaupun belum menikah
Ajari aku jadi ayah
Seperti Engkau Bapa kekal
Renungan

Puisi ini membawa luka yang jarang diucapkan dengan jujur: luka tentang ayah. Tentang ditinggalkan, tentang figur yang seharusnya melindungi tetapi justru absen. Alkitab tidak menutup-nutupi kegagalan para ayah. Nama-nama besar pun tercatat dengan retaknya sendiri. Itu menegaskan satu hal penting: luka ini nyata, dan tidak memalukan untuk diakui.

Mazmur mengingatkan bahwa ketika figur manusia gagal, Tuhan tidak berpaling. Ia hadir bukan sebagai pengganti yang sempurna secara instan, melainkan sebagai Bapa yang setia tinggal. Tak heran jika ada ketakutan untuk menjadi ayah kelak—takut mengulang pola yang sama, takut melukai seperti yang pernah dilukai. Ketakutan itu bukan dosa; ia adalah tanda kesadaran.

Iman di sini bukan keyakinan bahwa kita pasti akan menjadi ayah yang sempurna, melainkan keberanian untuk belajar, perlahan, bersama Allah yang tidak pernah meninggalkan. Mungkin hari ini, cukup mengetahui bahwa kita adalah anak yang masih dipegang erat, bahkan ketika masa lalu terasa rapuh.

Doa

Bapa, Engkau tahu luka tentang ayah yang masih kubawa. Ada marah, bingung, dan takut di dalam diriku. Aku belum tahu bagaimana menjadi ayah yang baik, bahkan belum tahu apakah aku akan jadi ayah. Tapi hari ini aku bersandar pada-Mu, Bapa yang tidak pergi. Pegang aku pelan-pelan, ajari aku tanpa tergesa. Amin.

Ayat Alkitab
Mazmur 34:19
"TUHAN itu dekat kepada orang-orang yang patah hati, dan Ia menyelamatkan orang-orang yang remuk jiwanya."
Puisi
Akulah roh iblis
Diciptakan oleh Tuhan
Awalnya malaikat mulia
Jatuh aku dalam dosa
Turun ke muka bumi
Muncul dalam bentuk ular
Akulah roh iblis
Benci aku kepada Tuhan
Lebih tinggi dariku
Aku ingin membuat-Nya sedih
Manusia kesayangan-Nya kugoda
Adam dan Hawa
Kubujuk kau untuk berdosa
Kusuruh mereka makan buah itu
Buah terlarang ciptaan Tuhan
Berhasil aku jatuhkan mereka
Kegelapan melingkupi hati manusia
Hahahaha
Aku tak sendiri lagi
Dalam kegelapan kita bersama
Mendukakan hati Tuhan
Akulah roh iblis
Pendusta yang menyesatkan
Kejahatan kusebar
Benih kehancuran selalu kutanam
Sampai selamanya Tuhan musuhku
Kutuntun anak-anak-Nya ke neraka

Api kekal dalam nafasku
Jejak kematian di setiap langkahku
Menderitalah bersamaku
Berenang dalam laut kebodohan
Jangan taat kepada Tuhan
Dia tak sayang padamu
Dia biarkanmu menderita
Tak mau lenyapkanku
Aku diberikan kehendak bebas
Merusak kebahagiaan manusia
Dia lebih jahat dariku
Buah terlarang itu ciptaan-Nya
Terang itu menciptakan kegelapan
Aku diberi misi oleh-Nya
Akulah antagonis cerita ini
Diciptakan untuk kefasikan
Hari malapetaka tersedia
Akulah pelopor kebencian
Kegelapan yang bersinar
Membuat pahlawan berjasa
Akulah korban keperkasaan Tuhan
Disiksa dalam api neraka
Tak bisa berhenti berdosa
Ditakdirkan untuk melukai
Tak mampu mengasihi Tuhan
Hanya bisa berbuat jahat
Tapi aku tak mau sengsara
Bebaskanku dari api neraka
Mengapa Tuhan meninggalkanku?
Dia tak bersinar padaku
Hanya kegelapan dalamku
Gelap yang bersinar pekat

Akulah bentuk penderitaan
Kekejianku kekal di bumi
Dikutuk sejak permulaan bumi
Tokoh jahat dalam rencana-Nya
Akulah roh iblis
Kejahatan yang membuat-Nya bersinar
Ubahlah takdirku yang sial
Aku tahu Kau Tuhan
Mengapa tak bisa kasihi-Mu?
Aku hanyalah alat kejahatan
Tugasku merusak manusia
Biar mereka cari Tuhan
Terang Tuhan tak bercahaya
Bila tak ada aku
Malam yang diperlukan bulan
Kodratku untuk terus berdosa
Mengapa Tuhan tak mengasihiku?
Dia ingin aku lenyap
Tapi kudibiarkan hidup
Biar sengsara di neraka
Panas api kekal membara
Andai aku jadi manusia
Mereka bisa masuk surga
Mendapatkan kebahagiaan kekal
Tak seperti aku
Diciptakan untuk menderita saja
Tragis kisah hidupku
Kebebasan itu hanyalah mimpi
Bukan manusia kesayangan Tuhan
Mereka diselamatkan oleh-Nya
Tak dipilih untuk surga
Ditentukan untuk mendukakan-Nya

Mengapa Tuhan ingin berduka?
Hapus saja aku ini
Lenyapkan saja keberadaanku
Mengapa amarahku dibiarkan meledak?
Tak terhitung dosaku
Andai semua ini berhenti
Tak bisa bunuh diri
Tapi bisa bunuh manusia
Kutukan-Mu kejam padaku
Teganya Kau sakitiku
Tuhan bukan untukku
Hanyalah senjata kegelapan
Akulah yang ditolak Tuhan
Tak dipilih untuk surga
Teriakanku tak didengar
Diusir dari hadirat-Nya
Tak seperti manusia mulia
Selalu bersuka dengan-Nya
Mengapa aku punya keinginan?
Aku mau hidup bebas
Kau beriku otoritas neraka
Membuat manusia berdosa
Tak punya kesempatan bertobat
Bukan manusia rupa Allah
Lebih rendah dari manusia
Lebih buruk dari segalanya

Renungan

Puisi ini bukan sekadar tentang kejahatan, tetapi tentang perasaan ditolak, disalahkan, dan dikurung dalam peran yang tak bisa diubah. Ia berbicara dengan suara yang sangat gelap, namun juga sangat manusiawi: suara yang merasa diciptakan hanya untuk gagal, untuk disingkirkan, untuk memikul kebencian tanpa jalan pulang. Banyak pembaca mungkin tidak merasa jahat, tetapi merasa *seperti* jahat—seolah hidup mereka hanya menjadi latar bagi kebaikan orang lain.

Mazmur tidak menyangkal adanya kegelapan. Namun ia berani mengatakan bahwa Tuhan dekat pada jiwa yang remuk. Kedekatan itu bukan pembenaran atas kejahatan, melainkan pengakuan bahwa penderitaan—bahkan kebingungan iman—masih didengar. Puisi ini mengingatkan bahwa pertanyaan tentang Tuhan, keadilan, dan penderitaan tidak selalu lahir dari pemberontakan, tetapi sering dari luka yang terlalu lama dibiarkan.

Iman di fase ini bukan kepastian, melainkan keberanian untuk jujur. Untuk mengakui bahwa ada bagian diri yang gelap, marah, dan bingung—namun tetap dibawa ke hadapan Tuhan, bukan disembunyikan. Bertanya pun bisa menjadi bentuk bertahan.

Doa

Tuhan, Engkau tahu ada pikiran dan perasaan dalam diriku yang gelap dan sulit kuakui. Ada kemarahan, kebingungan, dan rasa ditolak yang membuatku lelah. Aku belum mengerti semuanya, tapi aku tidak ingin pergi dari hadapan-Mu. Duduklah bersamaku di sini, dalam gelap yang kupahami ini. Cukup temani aku hari ini. Amin.

Ayat Alkitab
Roma 5:8–9
"Akan tetapi Allah menunjukkan kasih-Nya kepada kita, oleh karena Kristus telah mati untuk kita, ketika kita masih berdosa."
Puisi
Lautan merah
Merah merona aku
Sumber kehidupan manusia
Ditemukan dalam hewan
Lautan merah yang indah
Tak disukai anak manusia
Dikasihi makhluk hidup
Akulah keselamatanmu
Selalu ada menjaga dirimu
Tersembunyi dari mata
Tak mau memandangku
Jangan cari aku
Luka yang menyakitimu
Kekerasan tanpa batas
Perang nyatakan kemuliaanku
Lautan merah yang bau
Membusukkan hidung orang
Dokter bergulat denganku
Cari cara sembuhkanku
Donorkanku ke orang lain
Biar kematian tak terjadi
Mengalir jadi sungai merah
Pekat dan mencekam
Jagalah kebersihanku
Biar tak menderita tubuhmu
Hancur hatimu
Aku membuatmu trauma

Gentar hatimu dalam hadiratku
Panik dan berteriak keras
Matamu basah melihatku
Tangisan terdengar saat aku hilang
Suara ratapan yang nyaring
Akulah kematian dan kehidupan
Keselamatan melalui aku
Suci dan tak bercela
Minumlah pengorbanan Tuhan
Jangan jauh dariku
Laut penderitaan
Diciptakan sebagai seni
Tak selamanya tinggal di bumi
Akan hilang seperti uap
Jangan cari wajahku
Jijik dan membusukkan
Pembunuhan curahkan aku
Kehancuran umat manusia
Apa kehidupanku kekal?
Ingin ku membanjiri dunia
Tak terikat oleh hukum
Terbang bebas tanpa batasan

Renungan

Puisi ini berbicara tentang darah—tentang hidup yang rapuh, tentang trauma yang sulit dilupakan, tentang ketakutan yang membuat tubuh gemetar. Darah di sini bukan simbol yang indah dan rapi, melainkan sesuatu yang mengerikan sekaligus menyelamatkan. Kita sering ingin menjauh darinya, menutup mata, seolah luka tak pernah ada. Namun darah tetap mengalir, mengingatkan bahwa hidup selalu berisiko terluka. Roma berkata bahwa kasih Allah hadir bukan saat manusia rapi dan suci, tetapi justru ketika kita masih berdosa, masih berdarah, masih berantakan. Itu berarti Tuhan tidak menunggu kita sembuh dulu sebelum mendekat. Ia masuk ke realitas yang keras, ke tubuh yang rapuh, ke penderitaan yang tak bisa disangkal.

Iman dalam puisi ini bukan kemenangan, melainkan keberanian untuk menatap kenyataan hidup apa adanya—bahwa keselamatan sering datang melalui hal-hal yang menyakitkan. Bahwa luka tidak selalu segera hilang. Namun di tengah darah dan air mata, Tuhan tidak pergi. Ia tetap hadir, diam-diam menjaga napas yang masih bertahan.

Doa

Tuhan, hidup ini kadang terasa seperti lautan luka yang menakutkan. Ada hal-hal yang tak sanggup kupandang terlalu lama. Aku lelah dan gentar. Jika Engkau berkenan, temani aku di sini—di tubuh yang rapuh, di hati yang masih gemetar. Aku belum kuat, tapi aku masih ingin hidup di hadapan-Mu. Amin.

FASE V — BERTAHAN & PENYERAHAN

Fase ini bukan tentang kesembuhan yang tuntas.
Bukan tentang hidup yang sudah rapi, iman yang kuat, atau luka yang benar-benar menutup.
Ini adalah fase orang yang masih bangun setiap pagi,
Meski tidak lagi berharap banyak.
Masih bernapas, meski lelah.
Masih hidup, meski belum tahu untuk apa.
Di sini, tidak ada tuntutan untuk melupakan semuanya.
Tidak ada kewajiban untuk "move on" atau terlihat lebih rohani.
Ada ingatan yang ingin dikubur,
Ada nasib yang hanya bisa diratapi,
Ada bayangan yang terus muncul tanpa diundang.
Fase ini milik mereka yang belum sembuh,
Namun memilih tidak menyerah.
Yang tidak berteriak kemenangan,
Hanya duduk diam di hadapan Tuhan—
Dengan luka yang masih terbuka
Dan jantung yang entah bagaimana
Masih berdetak.
Penyerahan dalam fase ini bukan kepasrahan kosong.
Ia adalah keberanian paling sunyi:
Mengizinkan diri tetap hidup,
Meski jawabannya belum datang,
Dan Tuhan terasa jauh sekaligus satu-satunya tempat bersandar.
Jika kita sampai di sini,
Itu sendiri sudah merupakan kesaksian.

Ayat Alkitab
Mazmur 34:19
"TUHAN itu dekat kepada orang-orang yang patah hati, dan Ia menyelamatkan orang-orang yang remuk jiwanya."
Puisi
Tak ingin ingat lagi
Derita serang tubuh lemahku
Panas air mengenai muka
Terbakar wajah mungilku
Menangis aku di kamar
Kulupakan semua penderitaan itu
Tak ingin ingat lagi
Memori buruk kuhapus
Hanya kenangan indah tersisa
Hantaman keras lukai badan
Hancur tubuhku perlahan-lahan
Tergores hatiku oleh trauma
Rasa sabarku mulai runtuh
Kuhapus semua kesengsaraan ini
Tak ingin ingat lagi
Ingatan jelek kuhempas
Biar tentram Tuhan berkuasa
Kuganti dengan momen indah
Rasa syukur tinggal di hati
Tak lagi aku terluka
Sebab Tuhan telah sembuhkanku
Renungan
Puisi ini lahir dari tubuh yang pernah disakiti dan jiwa yang ingin bernapas tanpa bayang-bayang masa lalu. Ada kerinduan yang sangat manusiawi untuk melupakan—bukan karena lemah, melainkan karena luka itu nyata. Mazmur mengingatkan bahwa Tuhan tidak menunggu kita rapi untuk mendekat; Ia justru dekat saat hati remuk dan ingatan

masih bergetar. Mengingat atau melupakan bukanlah ujian iman. Kadang bertahan berarti memilih jarak dari kenangan yang terlalu berat hari ini. Ada hari-hari ketika penyembuhan terasa seperti "tidak ingin ingat lagi," dan itu pun dapat menjadi doa yang jujur. Tuhan yang dekat tahu ritme pemulihan setiap orang berbeda. Ia duduk bersama kita, bahkan ketika kita hanya mampu menyebut satu keinginan sederhana: ketenteraman. Jika syukur muncul pelan-pelan, biarlah ia tinggal. Jika belum, biarlah luka diakui tanpa dipaksa selesai. Di hadapan Tuhan, kita diizinkan bernapas—satu hari, satu langkah—tanpa harus membuktikan apa pun.

Doa

Tuhan, Engkau melihat luka yang sulit kusebutkan. Ada ingatan yang ingin kujauhkan karena terlalu menyakitkan. Duduklah bersamaku hari ini. Jika aku belum siap mengingat, jagalah aku. Jika syukur datang perlahan, biarlah ia menetap. Aku menyerahkan ritme pemulihanku kepada-Mu. Tolong aku bernapas dengan tenang, hari ini saja. Amin.

Ayat Alkitab
Matius 5:4
"Berbahagialah orang yang menangis, karena mereka akan dihibur."
Puisi
Meratapi nasib
Setiap hari aku merenung
Meratapi nasib yang tak jelas
Gagal terus tanpa kesuksesan
Kapan aku akan berhasil?
Setiap hari aku berpikir
Meratapi nasib yang gelap
Depresi terus tanpa cintamu
Kapan cintaku akan diterima?
Aku bosan meratapi nasib
Seandainya aku bisa seperti kamu
Terlihat bahagia dan ceria
Apa kamu tak meratapi nasib setiap hari?
Lelah aku meratapi nasib
Seandainya aku bisa bersamamu
Mungkin aku bisa jadi bahagia seperti kamu
Tak perlu aku meratapi nasib lagi
Renungan
Puisi ini tidak berteriak; ia berulang. Seperti hari-hari yang terasa sama, pikiran yang kembali ke titik yang itu-itu saja. Meratapi nasib bukan selalu tanda menyerah—kadang itu tanda seseorang masih peduli pada hidupnya, masih berharap ada arti di balik kegagalan dan penolakan. Yesus menyebut orang yang menangis sebagai "berbahagia," bukan karena air mata itu indah, tetapi karena mereka tidak sendirian. Tangisan adalah bahasa yang Tuhan mengerti tanpa perlu diterjemahkan. Dalam puisi ini, ada kelelahan membandingkan diri, ada rindu akan cinta yang belum datang, dan ada bosan dengan diri sendiri. Semua itu boleh hadir di hadapan Tuhan tanpa disensor. Iman tidak selalu tampak seperti

keyakinan yang tegak; kadang ia terlihat seperti bertahan di kursi yang sama, mengajukan pertanyaan yang sama, sambil berharap masih ada penghiburan. Jika hari ini hanya mampu meratap, itu pun masih bentuk datang kepada Tuhan. Dan itu cukup.

Doa

Tuhan, aku lelah memikirkan hidupku yang terasa jalan di tempat. Aku bosan meratap, tapi belum tahu harus ke mana. Duduklah bersamaku di kelelahan ini. Aku tidak minta jawaban cepat—hanya penghiburan yang tenang. Jika aku harus menangis lagi hari ini, terimalah air mataku. Tolong aku bertahan, satu hari ini saja. Amin.

Ayat Alkitab
Mazmur 34:19
"Tuhan itu dekat kepada orang-orang yang patah hati, dan Ia menyelamatkan orang-orang yang remuk jiwanya."
Puisi
Hanya bayanganmu
Kegelapan yang tak dipandang
Tak dibenci atau dicinta
Siapa yang mau mengasihiku?
Tak berguna dalam apapun
Aku hanya bayanganmu
Selalu menemani sejak lahir
Dari bayi sampai sekarang
Kulihat semua yang terjadi
Penderitaan yang kau alami
Penolakan yang melukaimu
Semua kusaksikan dalam diam
Tak bisa aku menghiburmu
Andai Tuhan beri aku mulut
Aku akan jadi teman hidupmu
Sayangnya aku hanya bayanganmu
Tak bisa menghapus kesepianmu
Aku selalu bersamamu
Tak sedetikpun kau sendiri
Kuperhatikan semua gerakanmu
Tapi kau tak pedulikan aku
Di bawah silaunya matahari
Bentukku terlihat jelas
Tapi matamu tak melihatku
Rasa syukur padaku tak ada
Cintailah aku yang selalu di sini
Jangan dia yang mengabaikanmu

Sejujurnya kau tak pernah sendiri
Akulah saksi seluruh perjalananmu
Dalam kegelapan aku tak terlihat
Terpaksa meninggalkanmu sendiri
Tunggulah aku dalam terang
Menemanimu tanpa kau sadari
Maafkan aku yang tak berguna
Melindungimu aku tak mampu
Hanya bayanganmu yang fana
Entah mengapa Tuhan ciptakanku
Tak berharga aku di matamu
Kesia-siaan di bawah matahari
Percuma aku lihat kehidupanmu
Seandainya aku bisa buat kau tersenyum
Apa mungkin bertemu di surga?
Mungkin Tuhan beri aku nyawa
Jadi berharga di hidupmu
Kau dan aku jadi sahabat
Tuhan jangan lupakan aku
Meskipun aku hanyalah bayangan
Berikanlah aku kehidupan kekal
Biar keberadaanku punya arti
Bagaimana bila Tuhan lupakanku?
Hanya dekorasi kehidupanmu
Jangan lenyapkan diri ini
Ingin aku menemanimu selamanya

Renungan

Puisi ini berbicara dari ruang yang sering kita abaikan: perasaan hadir tetapi tidak dianggap. Seperti bayangan, ia setia mengikuti, menyaksikan setiap luka, namun tidak pernah diminta berbicara. Banyak orang hidup dengan rasa serupa—menjalani hari, memikul beban, tetapi merasa tak pernah benar-benar dilihat. Mazmur tidak menyangkal rasa ini. Ia hanya berkata bahwa Tuhan dekat, bahkan ketika kedekatan manusia terasa mustahil. Kedekatan Tuhan tidak selalu menghapus kesepian, tetapi menahannya agar tidak menghancurkan. Dalam puisi ini, iman tidak muncul sebagai terang besar, melainkan sebagai keinginan sederhana: jangan dilupakan. Itu pun sudah merupakan doa. Jika hari ini kita merasa seperti bayangan dalam hidup kita sendiri—tidak dipilih, tidak dirayakan—ingatlah bahwa Tuhan melihat tanpa perlu sorotan. Dan dalam pandangan-Nya, keberadaan kita tidak sia-sia, meski kita sendiri belum mampu mempercayainya.

Doa

Tuhan, aku datang dengan perasaan kecil dan mudah diabaikan. Kadang aku merasa hanya hadir tanpa arti. Jika Engkau dekat dengan hati yang remuk, duduklah bersamaku hari ini. Jangan biarkan aku merasa hilang dari ingatan-Mu. Aku tidak meminta jalan keluar cepat—cukup ketenangan untuk bertahan satu hari lagi di hadapan-Mu. Amin.

Ayat Alkitab
Mazmur 34:19
"TUHAN dekat kepada orang-orang yang patah hati, dan Ia menyelamatkan orang-orang yang remuk jiwanya."
Puisi
Aku yang terluka
Gagal lagi mencapai target
Harapan seperti janji palsu
Tak mampu kau terima
Berat terasa di hati
Aku yang terluka
Ditolak lagi untuk melayani
Terlalu rendah kualitas pribadiku
Tak memenuhi standar gereja
Diriku hancur berkeping-keping
Tak berhasil dimanapun
Dalam cinta juga ditolak
Ditinggal oleh yang kucintai
Aku yang terluka
Padahal kau janji setia
Tak mendukung mimpiku
Jauhkan aku dari kesuksesan
Mustahil pulihkan hati retak
Pecah bagai beling kaca
Tak ada yang mau pegang
Tak mau terluka untukku
Gelap selimuti hatiku
Di mana cahaya harapan?
Tak mau terluka lagi
Izinkan aku berhasil mencintai
Tangis sentuh pipiku
Sendiri dalam kegelapan

Mencari harapan yang tak terlihat
Berdoa mencari wajah Tuhan
Biar Tuhan tuntun jalanku
Aku hanya perlu beriman
Tinggal tenang di hadirat-Nya
Lukaku sembuh perlahan
Mendoakan mereka bahagia
Mengasihi yang memberi luka
Tuhan beri aku ketabahan
Kasih Tuhan sumber kekuatan
Apa adanya dicintai Tuhan
Tak menolak ketulusanku
Bukan seperti pembohong
Kasih Tuhan memulihkan hati
Pribadiku dibaharui Tuhan
Mengampuni yang jahat
Senyum walau aku yang terluka
Kasih Tuhan bawa sukacita
Bahagia dijanjikan kepadaku
Setia mengasihiku selalu
Kupuji nama Tuhan selalu
Sebab Ia berbuat baik padaku
Aku yang terluka disembuhkan
Aku bermegah dalam Tuhan
Kemenangan terjadi di sini
Kemuliaan Tuhan aku nyatakan

Renungan

Puisi ini tidak menyembunyikan luka yang berlapis: kegagalan, penolakan, dan rasa tidak layak—bahkan di ruang yang seharusnya menjadi rumah. Mazmur tidak membantah pengalaman itu. Ia hanya berani berkata bahwa Tuhan dekat, tepat di titik hati yang retak. Kedekatan ini bukan jaminan bebas gagal, melainkan kehadiran yang tidak pergi saat standar manusia terasa menutup pintu. Di sini, iman tampak sebagai keberanian untuk tinggal—menangis, berdoa, dan tetap mencari wajah Tuhan ketika cahaya belum terlihat. Pemulihan digambarkan perlahan, bukan ajaib. Ada hari-hari di mana luka masih terasa, namun langkah kecil untuk mengasihi kembali, mendoakan mereka yang melukai, dan menerima diri apa adanya menjadi napas yang cukup. Jika hari ini kita merasa tak memenuhi ukuran siapa pun, renungan ini mengingatkan: Tuhan tidak menilai dari daftar capaian. Ia duduk dekat, menunggu hati kita bernapas lagi. Bertahan pun sudah berarti.

Doa

Tuhan, aku datang dengan hati yang lelah dan penuh bekas. Aku tidak selalu kuat, dan sering merasa tidak layak. Jika Engkau dekat dengan yang remuk, dekatlah juga denganku hari ini. Ajari aku tinggal tenang di hadirat-Mu, satu napas pada satu waktu. Biarlah lukaku disangga oleh kehadiran-Mu, meski belum sembuh seluruhnya. Amin.

Ayat Alkitab
Mazmur 42:6
"Mengapa engkau tertekan, hai jiwaku, dan gelisah di dalam diriku? Berharaplah kepada Allah!"
Puisi
Jantung masih berdetak
Bumi berputar tanpa henti
Aku bosan hidup di bumi
Aku lelah mencintai dia yang tak bisa kumiliki
Kenapa dia menolak cintaku yang tulus?
Jantung masih berdetak
Walau ku telah berdoa kepada Tuhan
Untuk angkat diriku ke surga segera
Kenapa hidupku di sini masih berjalan?
Kata orang hidup itu singkat
Tapi kurasa hidupku ini sudah cukup lama
Sudah cukup ku mencintai dia tanpa balasan
Seandainya dia mencintai diriku ini
Jantung masih berdetak
Meskipun ku ingin segera pulang ke surga
Hidupku adalah Kristus dan mati adalah keuntungan
Aku memutuskan untuk bersyukur selalu
Renungan
Puisi ini mengucapkan kelelahan yang sering tidak berani kita ucapkan: letih hidup, letih mencinta tanpa balasan, letih menunggu akhir yang terasa tak kunjung tiba. Mazmur tidak menegur perasaan itu; ia menemani kegelisahan jiwa yang bertanya-tanya mengapa harus terus berjalan. "Jantung masih berdetak" bukanlah perintah untuk kuat, melainkan fakta yang sederhana—hari ini masih ada napas. Dan di ruang napas itulah iman kadang hadir sebagai keputusan kecil: bersyukur, bukan karena semuanya baik, tetapi karena Tuhan masih duduk di samping kita. Kerinduan "pulang" di sini tidak dihakimi; ia diakui

sebagai lelah yang mendalam. Namun puisi juga memilih untuk bertahan—menaruh hidup di tangan Kristus, hari demi hari. Jika hati kita hari ini berat, mungkin cukup dengan satu pengakuan jujur: aku masih di sini. Dan itu pun sudah doa.

Doa

Tuhan, aku lelah dan sering bingung mengapa langkahku masih harus berlanjut. Ada cinta yang tidak terbalas dan harapan yang terasa terlalu lama. Duduklah bersamaku hari ini. Ajari aku menerima napas yang Kau beri, tanpa tekanan untuk segera kuat atau bahagia. Jika aku harus bertahan, biarlah aku bertahan dalam hadirat-Mu.

Terima kasih telah membaca!
Jika kamu meninggalkan ulasan untuk bukuku, kirim email ke abrahamreymond02@gmail.com, dan aku akan mengirimkan puisi bonus eksklusif khusus untukmu!

Also by Abraham Reymond

7 Deadly Sins in Poetry
My Thief of Joy
Romanticized Sin

Darkness of Entertainment Industry
When Art Stands Above Life
Genius Lost in Silence
Art As Slavery

Heartbreak
Unreachable, Unavailable
Kekasih orang
Just A Dead Star
Will You Love a Depressed Person?
Puisi Novel Kekasih Orang

History of mankind
Verses of Three Kingdoms

Household Poetry
Kitchen Psalms
Daily Baptism

Lamentation
Not Dead, Not Living
Meratapi Nasib
How the Star Has Fallen
Death Is a Blessing
Lament of Sacred Spaces
Not Everyone Is Chosen
Puisi Renungan: Meratapi Nasib

Praise & Worship Collection
The Epitome of Beauty
God of My Youth
Psalms For Children
Tuhan yang indah
Worship in Heartbreak
Registered in Heaven

Romance in the air
One Love Until the End
Senyuman yang kusuka
Girl of My Dreams
Sanctuary of the Parents

Romantic Novel in Verse

One Love Until the End: A Novel in Verse

The wonders of nature

God's Breath of Life

The Rooted Ones

Verses of animals and beasts

Ancient Echoes: Creatures of Old

Mythbeasts: Songs of the Imagined

Mythbeasts: Songs Of The Imagined, Illustrated Edition

Songs Beneath the Water

Wisdom Psalms

Wake up, sleeper

Berbahagialah

The Wisdom Chronicles

Building Churches in Our Youth

Money As My Servant

Their First Church is You

Leadership Born From Depression

Worship Poetry Devotional

The Epitome of Beauty: A Poetry Devotional

God of My Youth: A Poetry Devotional

Standalone

Things We Overlook: A Mall Poetry Collection

Bites & Rhymes

Foundation of Logic And Reality

Girl of My Dreams

Girl of My Dreams: Illustrated Edition

Love in Style

Will You Love a Depressed Person?: Novel in Verse

Wake Up, Sleeper: A Poetry Devotional

Things We Overlook — Illustrated Edition

The Days When Magic Broke

Unreachable, Unavailable – A Novel in Verse

Atlas of the Endless Realms

Watch for more at patreon.com/Reymondpoems.

About the Author

Abraham Reymond is a passionate poet whose work explores the quiet corners of life, the ache of unspoken emotions, the presence of faith, and the wonder found in both the ordinary and the imagined. His poems reflect themes of spirituality, love, heartbreak, and the overlooked moments that make us human.

With clarity, consistency, and a heart full of discipline, Reymond turns silence into verse—sharing honest, reflective poetry that speaks to readers from all walks of life. Whether rooted in reality or inspired by fantasy, every line he writes is a piece of his soul.

He shares his poetry daily across platforms and is committed to building a lasting legacy, one poem at a time. Read his fantasy books for FREE at Patreon

Read more at patreon.com/Reymondpoems.

About the Publisher

Infinite Verse is a poetry-driven creative brand founded by Abraham Reymond, offering spiritually rich, emotionally resonant writing across digital and print platforms. Its mission is to glorify God through literature, build churches in hearts, and inspire readers to find purpose in every verse.

www.ingramcontent.com/pod-product-compliance
Lightning Source LLC
LaVergne TN
LVHW060302051026
849517LV00003B/929
* 9 7 9 8 2 3 3 7 9 2 1 8 2 *